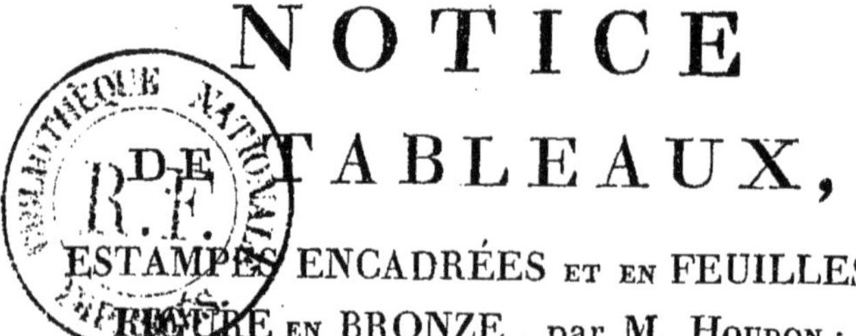

NOTICE

DE TABLEAUX,

ESTAMPES ENCADRÉES ET EN FEUILLES, FIGURE EN BRONZE, par M. Houdon;

ET LIVRES,

Dont la Vente, après le décès de Mme. Philippe de St.-Maurice, aura lieu en sa maison, rue Chantereine, N°. 56, près la rue de la Chaussée d'Antin, le mardi 8 Mai 1821, onze heures précises du matin.

L'Exposition sera publique les Dimanche 6 et lundi 7, de midi à 3 heures.

Les Livres seront vendus le mercredi 9, à 2 heures.

Cette Notice se distribue à Paris,

Chez MM.
- Chariot, Commissaire-Priseur, rue Montmartre, N°. 84;
- Paillet, Peintre-expert de la Chambre de MM. les Commissaires-Priseurs, rue Grange-Batelière, N°. 24;
- Debure, frères, Libraires du Roi et de la Bibliothèque du Roi, rue Serpente, N°. 7.

1821.

De l'Imprimerie de NOUZOU, rue de Clery, N°. 9,
A PARIS.

EXPLICATION
DES
TABLEAUX.

François Van MIERIS, dit le vieux.

1—Une jeune dame vêtue d'une robe de satin, et coiffée en cheveux, est assise près d'une table revêtue d'une étoffe cramoisie, et semble par son air de douceur, caresser ses deux chiens favoris; une jeune servante debout devant elle, et dans l'attitude de compter son argent, forme le second personnage qui enrichit cette composition; le fond est occupé par une haute cheminée en opposition avec un rideau vert formant draperie. Ce tableau, d'une exécution soignée, est un des charmans ouvrages sortis du précieux pinceau de ce peintre. non vendu

P. BRILL.

2—Grand paysage de site montueux et traversé par une rivière; la gauche est occupée par un fort massif d'arbres, avec figures de chasseurs sur le devant. 31.

P. BLOT.

3—Dispute entre des paysans et des méndians. Cette scène est représentée derrière les murs d'un ancien château fort. 46. 50

HOBÉMA. (Attribué à)

4—Extérieur d'un village de la Hollande, bordé par un canal, et traversé par un pont ; on y distingue plusieurs personnages et barques. Ce tableau, d'une belle pâte et d'un grand ton de couleur, se recommande de lui-même et peut être regardé comme une des études du maître auquel il est attribué.

G. VAN-VITELLI.

5—Vue de la rivière de Gênes, prise du côté des quais; on y distingue une quantité de beaux édifices et un grand nombre de personnages sur les différentes places publiques.

C. POELEMBURG.

6—Site mêlé de ruines, avec figures de baigneuses et animaux placés sur différens plans.

Corneille BÉGA.

7—Intérieur de chambre basse où l'on voit un homme et une femme présentant un verre à une jeune fille ; la gauche est enrichie d'accessoires, tels que tonneaux, pots à feu et canettes.

ZOLEMAKER.

8—Jeune pâtre gardant un troupeau de vaches, chèvres et moutons dans un paysage dont la partie droite est occupée par un massif d'arbres.

HERMAN D'ITALIE.

9 Petit paysage de forme ronde, traversé par un pont. Il est représenté par un effet de soleil et enrichi de trois figures sur le devant.

9, avec le n° 10.

PAR LE MEME.

10—Paysage faisant pendant au précédent, dont une rivière occupant la partie du milieu, est traversée par un pont de briques; il est également représenté par un effet de soleil des plus piquant.

Jean GRIEFF.

11 — Grand tableau où sont représentés des gibiers morts et de différentes espèces; un chasseur entouré de ses chiens, est dans l'attitude de tirer un oiseau au vol.

PAR LE MEME.

12—Tableau d'une plus petite dimension et spirituellement touché; on y remarque une très-grande quantité de gibiers groupés près d'un panier; le fond représente un paysage avec figures formant accessoires.

G. DE HEUSCH.

13—Paysage représenté par un effet de soleil et traversé par une rivière; au loin différentes fabriques et figures de villageois.

Attribué à A PINAKER.

14—Paysage richement boisé et mêlé de fabriques et montagnes; sur le devant, des paysans conduisent un troupeau de bestiaux.

SLINGÉLAND.

15 — Deux personnages de distinction, homme et femme, représentés dans un paysage dont toute la partie droite offre un point de vue de riche campagne.

Pierre WOUWERMANS.

16 – Homme, femme et enfant assis auprès d'un arbre, se reposant des fatigues de la charrue ; auprès d'eux un cheval blanc harnaché. Cette composition se détache sur un ciel nébuleux.

CARLO DOLCI.

17—La Vierge vue jusqu'au buste ; la tête de trois-quarts et entourée d'une auréole ; elle semble porter la main droite sur sa poitrine. La tête, d'un fini précieux, est à la fois d'une expression noble et touchante.

VATERLO.

18—Paysage richement boisé dans toutes ses parties et traversé par une rivière ; on y remarque plusieurs figures dont une femme marchant avec un bâton.

D. VERTANGEN.

19—Paysage traversé par une rivière et cascade, enrichi de figures de baigneuses.

Signé VRY.

20 — Scène familière dans un intérieur de chambre basse ; imitation de Fragonard.

Genre de TENIERS.

21—Site mêlé de rochers avec figures dans un paysage.

P. V. B.

22—Réunion de poissons dans un intérieur de chambre; tableau représentant un sujet de nature morte

M. MICHEL.

23—Paysage traversé par une grande route, avec marche de convoi et bestiaux.

D'après J. VERNET.

24—Quatre vues de marine ; effet de soleil et clair de lune.

CHEVALIER FOSKY.

25—Deux paysages mêlés de rivières ; effet de neige.

VANDER KABEL.

26—Marine à effet de soleil couchant, avec figures d'Arméniens sur le rivage.

Attribué à VANLOO.

27—Le Christ à la colonne ; tableau de hauteur et cintré.

C. NETSCHER.

28—Deux portraits d'homme et femme ; personnages de distinction.

Genre d'HOLBEIN.

29—Portrait d'un personnage vêtu de noir. . . . . .

Attribué à HOBÉMA.

30—Paysage, site de la Hollande ; il est traversé par un canal au bord duquel est une maisonnette ; à droite, un massif d'arbres sous lesquels un paysan conduit son troupeau.

MARIA CRESPY.

31—Réunion de huit personnes vues jusqu'à mi-corps, dont plusieurs occupées à lire.

D'après S. RUISDAEL.

32—Deux vues des bords de la Meuse, avec figures de pêcheurs.

ZOLMAKER.

33 — Troupeau de vaches et moutons gardés par des bergers ; ils sont, la plupart, couchés sur un gazon près d'une étable.

ESTAMPES MONTÉES.

34 — Jupiter et Antiope, d'après le Corrége, par Audouin, et le bain de Léda, par Porporati.

35—Six vues coloriées représentant différentes vues de l'Amérique, dans leurs bordures dorées, et sous verre.

36—Hippocrate refusant les présens d'Artaxercès, d'après M. Girodet ; par V. Massard.

37 — La mort de Socrate, d'après M. David, par M. Massard.

38—Le Bélisaire, d'après le même, par M. Morel.

39—Oedipe, d'après Giraud, par le même. 27. 5

40 — Marc-Antoine haranguant le peuple, et Régulus 128.
partant pour Carthage, d'après West, par Green.

41 — Vénus blessée, par M. Audouin; la poésie et la 81. 55
philosophie par Morghen; quatre estampes paysages, par Wilhem Woolet.

42—Portrait de S. A. R. monseigneur le duc de Berry, 39. 95
gravée par M. Debucourt.

43—Neptune et Amphitrite, par M. Richôme. . . . 19. 95

44—L'enlèvement de Psyché, par M. Muller. . . . 30. 5

45—Sapho, belle épreuve de choix. . . . . . . 32.

Ces quatre pièces viennent de souscription de la société des amis des arts.

46—Une figure de Vestale drapée et tenant une urne; 132.
bronze de 22 pouces de haut.

47 — Les articles omis à la présente Notice seront détaillés et vendus sous ce numéro. 24. 5

42. bis 20. 5
42. ter 26. 50
43. bis . . . .

LIVRES.

1—Le Nouveau Testament, traduit par de Sacy. *Paris*, 1816, *in*-8°. *v. rac.*

2—Heures des Paroissiens. *Paris*, *in*-18. *fig. m. r. dent.*

3—Analise raisonnée de la discussion du Code civil, par de Maleville. *Paris*, 1807, 4 *vol. in*-8°. *dem. rel. dos de mar.*

4 — Cours de Code civil, par M. Delvincourt. *Paris*, 1813, 2 *vol. in*-4°. *basane.*

5 — La Procédure civile des tribunaux de France, par Pigeau. *Paris*, 1811, 2 *vol. in*-4°. *bas.*

6—Traité des donations et des testamens, par Grenier. *Paris*, 1807, 3 *vol. in*-8°. *bas.*

7—Traité des servitudes, par M. Pardessus. *Paris*, 1817, *in*-8°. *dem. rel. dos de mar.* — Manuel pour l'ouverture des successions, par M. Favard de Langlade. *Paris*, 1811, *in*-8°. *bas.*

8—Les caractères de La Bruyère, suivis des caractères de Théophraste, traduits du grec. *Paris*, 1818, 2 *vol. in*-8°. *v. porph. dent.*

9—The Spectator. *London*, 8 *vol. in*-12. *bas.*

10—Histoire naturelle des animaux, par Pline, trad. en français, par Gueroult, avec le texte en regard. *Paris*, 1802, 3 *vol. in*-8°. *v. r.*

Renouard.

Chariot

p.

Sauret

p.

p.

p.

Redon

p.

p.

Redon

p.

p.

Redon

avec 3 vol p.

aviat.

p.

chariot.

idem

11 — Entretiens sur la pluralité des mondes, par Fontenelle. *Dijon, an* 11 *in*-12, *v. f. dent. Pap. Vél.* 4. 60.

12 — Dictionnarium latino gallicum. *Parisiis*, Boudot, 1732, *in*-8°. *v. b.* — Dictionnaire grec français, par Planche. *in*-8°. *dem.-rel.* 4. 25

13 — Dictionnaire italien français et français et italien, par Alberti. *Nice*, 1788, 2 *vol. in*-4°., *basane.* 7. 95.

14 — A Critical pronouncing Dictionary, by J. Walker. *London*, 1809, *in*-8°., *v. r.* 10. 5.

15 — Quintilien, de l'institution de l'orateur, traduit par Gedoyn, avec le texte en regard. *Lyon*, 1812, 6 *vol. in*-12. *dem.-rel. dos de mar.* 6.

16 — Ausonii opera. *Biponti*, 1785, *in*-8°. *dem.-rel. Pap. Vél.* 4. 5.

17 — Poésies de Marguerite-Éléonore-Clotilde de Vallon Chalys, par M. Vanderbourg. *Paris*, Didot, 1804, *in* 12, *Vél. dent.* avec les figures doubles en noir et coloriées, avant la lettre, et eaux fortes. 24. 50.

18 — Fables de La Fontaine, avec les figures d'Oudry. *Paris*, 1755, 4 *vol. in-fol. v. ec.* 69

19 — Oeuvres de Boileau Despréaux. *Paris*, Didot, *édit. stéréotype*, 1800, 2 *vol. in*-18. *basane.* — Fables de La Fontaine, édition stéréotype. *Paris*, Didot, 1799, 2 *vol. in*-18. *basane.* 6. 5.

20 — Oeuvrés choisies de J.-B. Rousseau, édit. stéréotype. *Paris*, Didot, 1799, 2 *vol. in*-18. *bas.* — La Religion, poëme, par L. Racine. *Paris*, 1808, *in*-18. *bas.* 8. 5.

21—Le mérite des femmes, par J. Legouvé. *Paris*, 1813, *in*-18. *m. r. dent.*

22—Ouvrages de Jacques Delille ; savoir : les Géorgiques de Virgile, 1 vol. — L'Énéide, du même, 4 vol. — Le Paradis perdu de Milton, 3 vol.—L'Imagination, 2 vol. —La Pitié, 1 vol.—Les Poésies fugitives, 1 vol.—Les Bucoliques de Virgile, trad. par de Langeac, 1 vol. *en tout* 13 *vol. in*-4°. *fig. dem.-rel. dos de mar. Gr. Pap. Vélin.*

23 — L'Espérance, poëme, par de Saint-Victor. *Paris*, 1803, *in*-12. *m. r. dent. Pap. Vél.*

24—Les chefs-d'œuvres de Pierre et de Thom. Corneille. *Paris*, 1788, 4 *vol. in*-12. *basane.*

25—Oeuvres complètes de J. Racine. *Paris*, 1811, 4 *vol. in*-8°. *m. bl. dent. Pap. Vél. fig. avant la lettre.*

26—Oeuvres de Crébillon. *Paris*, 1812, 3 *vol. in*-8°. *fig. v. r. dent.*

27 — Jérusalem délivrée, trad. du Tasse. *Paris*, 1810. 2 *vol. in*-18. *bas.* — Roland le furieux, par l'Arioste, trad. de l'italien. *Paris*, 1808, 4 *vol. in*-18. *fig. bas.*

28—La Jérusalem délivrée, traduite en vers français par M. Baour Lormian. *Paris*, 1819, 3 *vol. in*-8°. *dem. rel. dos de mar.*

29 — Les Aventures de Télémaque, par Fénelon. *Paris*, Didot, *an* 7, 2 *vol. in*-12. *dem. rel. Pap. Vél.*

30—Les Aventures de Télémaque, par Fénelon, édition

p

Mlle Marjolin

p.

p.

p.

Chariot.

6 tomes en 3 vol

Aviet.

p.

-Chariot.

galliot.

p.

truchy

la loy

p.

p.

Solignac

pDieu

iDieu

stéréotype. *Paris*, Didot, 1800, 2 *vol. in*-18. *bas.* —Numa Pompilius, par Florian. *Paris*, 1812, 2 *vol. in*-18. *bas.*

31—Histoire de Gilblas de Santillane, par Le Sage. *Lond.* 1809, 4 *vol. in*-8°. *fig. mar. vert, dent. Pap. Vél.*

32—Oeuvres complètes de madame Cottin. *Paris*, 1820, 5 *vol. in*-8°. *fig. dem. rel. dos de mar.*

33—Sentimental journey, by Stern. *London*, *in*-12. *fig. m. r. dent. tab.*, *pap. vél.*—Joseph Andrews, by Fielding. *London*, 2 *vol. in*-12. *fig. m. cit. dent. tab.* — The Adventures of Roderic Random, by Smollet. *Lond.* 1793, 2 *vol. in*-12 *fig. m. cit. dent. tab. Pap. Vél.*

34—Cours de littérature dramatique, ou Recueil des feuilletons de Geoffroy. *Paris*, 1819, 4 *vol. in*-8°. *dem. rel. dos de mar.*

35—Recueil de divers ouvrages en prose et en vers, (par le P. Brumoy). *Paris*, 1741, 4 *vol. in*-8°. *bas.*

36—Oeuvres complètes de Montesquieu. *Paris*, 1816, 6 *vol. in*-8°. *m. r. dent. Pap. Vél.*

37—Oeuvres complètes de Voltaire. *Paris*, Lefévre, 1818, 41 *vol. in*-8°. *dem. rel. dos de mar.*

38—Oeuvres choisies de Berquin. *Paris*, 1807, 7 *vol. in*-18. *v. j.*

39—Oeuvres de J. F. Ducis. *Paris*, 1818, 6 *vol. in*-18. *m. r. dent. Pap. Vél. figures avant la lettre.*

40—Oeuvres de M. Andrieux. *Paris*, 1818, 3 *vol. in*-8°. *v. gauffré, Pap. Vél.*

41—Discours sur l'histoire universelle, par Bossuet. *Paris*, 1808, 6 *vol. in*-18 *v. porph.*

42—Histoire des Croisades, par M. Michaud. *Paris*, 1812, *in*-8°. *bas. les tom.* 1 *et* 2.

43—Abrégé de l'histoire romaine, par Tailhié. *Lyon*, 1801, 5 *vol. in*-12, *basane.*

44—Tableau historique et pittoresque de Paris, depuis les Gaulois jusqu'à nos jours, par J. M. de St.-Victor. *Paris*, 1808, 3 *vol. in*-4°. *fig. dem. r. dos de mar.*

45—Dictionnaire d'antiquités grecques et romaines, par Furgault. *Paris*, 1809, *in*-8°. *basane.*

FIN.

Solignac.

idem

idem

idem

idem

p.

www.ingramcontent.com/pod-product-compliance
Ingram Content Group UK Ltd.
Pitfield, Milton Keynes, MK11 3LW, UK
UKHW021203230726
13926UKWH00001B/278

9 782014 10970